BEI GRIN MACHT SICH IHR WISSEN BEZAHLT

Bibliografische Information der Deutschen Nationalbibliothek:

Die Deutsche Bibliothek verzeichnet diese Publikation in der Deutschen National-
bibliografie; detaillierte bibliografische Daten sind im Internet über http://dnb.d-
nb.de/ abrufbar.

Impressum:

Copyright © 2017 GRIN Verlag, Open Publishing GmbH
Druck und Bindung: Books on Demand GmbH, Norderstedt Germany
ISBN: 9783668462250

Dieses Buch bei GRIN:

http://www.grin.com/de/e-book/367865/aufstieg-und-fall-der-koeniglich-preussi-
schen-asiatischen-compagnie-in

James Evers

Aufstieg und Fall der "Königlich Preußischen Asiatischen Compagnie in Emden nach Canton und China"

GRIN Verlag

FernUniversität in Hagen

Historisches Institut

Sommersemester 2017

Hausarbeit

Master-Studiengang

Europäische Moderne: Geschichte und Literatur

In Verbindung mit dem Modul 4G „Sozialökonomische Dynamik:
Industrialisierung und bürgerliche Gesellschaft"

Thema der Hausarbeit:

„Aufstieg und Fall der ‚Königlich Preußischen Asiatischen
Compagnie in Emden nach Canton und China'"

vorgelegt von

James Evers

Am 31.03.2017

Inhaltsverzeichnis

1. Einleitung

»Ich trat zum Könige und ersuchte Sr. Majestät möchten die Gnade haben und geben dem Schiffe einen Namen. Er antwortete mir: „ich [sic] habe niemals taufen lassen," [sic] sah sich um und bekam den Herzog Ferdinand zu Gesicht und sagte zu mir: „lasse [sic] er's Prinz Ferdinand heissen,- [sic] darauf liess ich das Schiff in's Wasser ablaufen«[1]

Diese Anekdote aus dem Tagebuch des Kaufmanns Johann Gottfried Teegel ist interessant, da diese scheinbare Kleinigkeit auf zwei Eigenschaften Friedrich des Großen von Brandenburg-Preußen hinweist, welche für die preußische Seefahrt und seinen Versuch eines erfolgreichen Ostasienhandels unter seiner Flagge von Bedeutung waren. Die erste Eigenschaft war eine Unwilligkeit zur Auseinandersetzung mit gewissen mit der Seefahrt in Zusammenhang stehenden Einzelheiten. Die zweite Eigenschaft war mangelndes Interesse für dieselbigen Details solcher Unternehmungen. Friedrich II. wollte zwar zum Wohl des Landes auch Seefahrt betreiben. Doch der Lauf der Geschichte zeigt, dass er wohl nicht den Willen dazu besaß, oder sich uneinig war, über die Notwendigkeit Preußen dauerhaft und konsequent als Seefahrernation zu etablieren. Nichtsdestotrotz hatte Friedrich II. eine Vision von der blühenden Seefahrt in Emden unter preußischer Flagge. Sie sollte die Staatskassen Preußens füllen. Nach reichlicher Überlegung und auf Empfehlung seiner Berater gewährte er dem Kaufmann Hinrich Thomas Stuart[2] einen Oktroi und Privilegien für die vom ihm gegründete Handelskompanie, die „Königlich Preußische Asiatische Compagnie in Emden nach Canton und China" (im Weiteren „die Kompanie" genannt) in Emden. So stellt die Geschichte der Kompanie, auf welche im Folgenden näher eingegangen wird, ein interessantes Kapitel der preußischen Seefahrtsgeschichte dar und trägt dazu bei, Friedrichs II. Ambitionen im Ostasienhandel von 1751 einzuordnen.

---

[1] Bericht aus der *Hansa, Zeitschrift für Seewesen: ,Beiträge zur Geschichte der „Asiatisch-Chinesischen Handlungsgesellschaft" zu Emden 1750 – 1755, und der Beteiligung König Friedrich II. an derselben.'* 20. April 1884, No 8., 21. Jahrgang, S. 59
Der bericht enthält Auszüge aus dem Nachlasstagebuch vom Johann Teegel. Es wurde der Zeitung von der Familie zur Verfügung gestellt.
[2] Ring, Viktor: *Asiatische Handlungscompagnien Friedrichs des Grossen. Ein Beitrag zur Geschichte des preussischen Seehandels und Aktienwesens*, Berlin 1890, S. 72

3

1.1 Problemstellung: Erfolge und Misserfolge des Preußischen Ostasienhandels.

Diese Hausarbeit soll eine knappe Untersuchung des „Aufstiegs und Falls" der Königlich Preußischen Asiatischen Compagnie in Emden nach Canton und China sein. Untersucht werden die Gründe dafür, dass die Emdener Kompanie ihren Betrieb schon 1757 einstellte und nach nur 15 Jahren liquidiert wurde. In den Fokus sollen die politischen, wirtschaftlichen, geographischen und gesellschaftlichen Einflüsse auf die Kompanie in Preußen und Emden gerückt werden.

Die Kompanie schaffte es nur eine äußert geringe Anzahl von Handelsschiffen nach Canton zu entsenden, bevor den Direktoren, zerstritten und zerstreut, keine andere Möglichkeit blieb, als 1757 den Betrieb einzustellen. So scheiterte das preußische Unternehmen nach kürzester Zeit, während andere Nationen über lange Zeiträume erfolgreich mit Asien Seehandel trieben.

1.2 Fragestellung: Warum scheiterte die „Königlich Preußische Asiatische Compagnie in Emden nach Canton und China"?

Im Einzelnen möchte ich bei meiner Arbeit folgenden Fragen nachgehen: Wie sah die Vorgeschichte preußischer Seefahrt und Emdens aus? Wer waren die zentralen Akteure in der Geschichte der Kompanie? Wie war die Kompanie aufgebaut, mit welchen Waren handelte sie und warum mit diesen? Wie verlief ihre Gründung? Welche politischen, wirtschaftlichen und kulturellen Voraussetzungen waren dazu nötig? Wie reagierten die Hauptkonkurrenten, die Engländer und Niederländer? Und schließlich: Welche Bedeutung hatten die Entstehung und Scheitern der Kompanie für Preußen?

2. Forschungsüberblick: Quellen und Literatur

Die vorhandene Literatur über die Kompanie ist überschaubar. Die Quellen dagegen, liegen zu großen Teilen in den historischen Akten des Königlichen Geheimen Staats-Archiv zu Berlin und des Emdener Stadtarchivs. Als Ausgangsliteratur ziehe ich das Werk „Asiatische Handlungscompagnien Friedrichs des Grossen" von Viktor Ring (1890) heran. Viktor Ring hat das extensive Quellenmaterial in den historischen Akten des Königlichen Geheimen Staats-Archiv zu Berlin und des Emdener Stadtarchivs ausgewertet. Andere Untersuchungen über die Kompanie sind sparsam oder unvollständig im Vergleich mit der von Viktor Ring. Neue Hauptuntersuchungen von der Zeit nach dem Zweiten Weltkrieg sind selten. Indem der Fokus auf die zeitgeschichtlichen politischen, wirtschaftlichen, geografischen und gesellschaftlichen Faktoren gerichtet wird, sollen mögliche Ursachen und Gründe für die vergleichsweise kurze Lebensdauer dieses Unternehmen herausgearbeitet werden. Viktor Ring gelingt es, die Geschichte der Emdener Kompanie aus den Kabinettsakten des Königs nachzuvollziehen. Ring konnte anhand der Akten des damaligen Landeskammerpräsidenten Daniel Lentz in Ostfriesland, der ausführlich über die Kompanie berichtet, und des Schriftverkehrs zwischen dem König und den vielen beteiligten Akteure ein zusammenhängendes Narrativ der Ereignisse konstruieren. Dazu gibt es auch ein Paar kleinere Werke und Aufsätze, in denen die Kompanie erwähnt wird und die ich für meine Darstellung hinzuziehe. Besonders informativ bezüglich der Situation der Kompanie in Emden ist das Begleitwerk zur Ausstellung „Made in China" des Ostfriesischen Landesmuseums in Emden. Dieser Katalog enthält Aufsätze über die niederländische Ostindien-Kompanie und die Kompanie in Emden. Die Kompanie wird fast immer auch erwähnt im Zusammenhang mit der Geschichte des Teetrinkens in Deutschland. In dem kleinen Werk von Johann Haddinga, „Das Buch vom Ostfriesischen Tee" gibt es einen kurzen, aber konzisen historischen Abriss zur Geschichte der Kompanie, die dem Leser sehr interessante Details über die Kompanie schildert.

Einen kleinen aber recht aufschlussreichen Zufallsfund ist die Hansa, Zeitschrift für Seewesen aus Hamburg, von 1884. In einem Artikel, der über die damals bereits mehr als hundert Jahre zurückliegenden Ereignissen berichtet, werden Auszüge aus dem Tagebuch von Johann Gottfried Teegel wiedergegeben, in welchen Teegel aus seiner Sicht seinen persönlichen Blick auf die Kompanie schildert.

Die Handelskompanien von Friedrich II. bekommen verhältnismäßig wenig Aufmerksamkeit in der Preußischen Historiographie und die Berichte über diese Handlungskompanien haben fast immer nur Fußnoten-Charakter und werden laut Andrea Weindl als episodenhaft betrachtet.[3]

3. Zur Geschichte der „Königlich Preußischen Asiatischen Compagnie in Emden nach Canton und China"

3.1 Hintergründe und Vorgeschichte

Als die Kompanie 1751 gegründet wurde, hatten schon seit Jahrhunderten die die Hansestädte und auch die kulturell und geographisch naheliegenden Niederlande erfolgreich und gewinnbringend Handel auf dem Meerweg betrieben. Die Hohenzollern, Herrscher in Brandenburg-Preußen, hatten nur einzelne Anstrengungen unternommen, um Handel auf dem Seeweg zu betreiben. Diese Versuche wurden immer wieder aufgegeben. Ein Vorbild für dieses Muster des Aufgebens war die „Brandenburgisch-Afrikanische Compagnie Brandenburg-Preußens" des Großen Kurfürsten Friedrich Wilhelm (1620–1688). Sie wurde im November 1682 gegründet und etablierte, ohne dass Ostfriesland unter preußischer Herrschaft stand, war ihr Hauptsitz in Emden.[4] Die Kompanie existierte bis zu ihrer Auflösung durch den preußischen König, Friedrich I. (1686–1713), im Jahr 1711. Friedrich I., der Nachfolger Kurfürsten Friedrich Wilhelm, hatte kaum mehr Interesse an dieser

---

[3] Andrea Weindl: *Die Kurbrandenburger im "atlantischen System" (1650-1720) zum brandenburgischen Überseehandel des 17. und 18. Jh..* In: Christian Wentzlaff-Eggebert und Martin Traine (Hrsg.): *Arbeitspapiere zur Lateinamerikaforschung*, Universität zu Köln, Philosophische Fakultät, Zentrum Lateinamerika, 2001, ISSN 1616-9085, S3
[4] Eberhard Kliem: *Die Stadt Emden und die Marine. 16. bis 21. Jahrhundert ; vom Großen Kurfürsten bis zur Bundesmarine.* Hamburg 2008, S. 29

Unternehmung und sah wenig Sinn im Fortbestand der Kompanie. Diese Kompanie handelte mit Gummi, Straußenfedern, Gold, Elfenbein und vor allem mit Sklaven.[5] Typisch für den Verlauf der preußischen Seefahrt war es, dass ein Fürst sich sehr für Seefahrt interessierte, sein Nachfolger wiederum nicht mehr. Die Anstrengungen des einen fanden keine Aufmerksamkeit bei dem nächsten mehr, und die zeitweiligen Bemühungen in der Seefahrt wurden fast immer wieder eingestellt.

Die Erfahrungen des Kurfürsten Friedrich Wilhelm mit preußischer Seefahrt im 17. Jahrhundert, waren geradezu beispielhaft und wären auch lehrreich für Friedrich II. in Sachen Überseehandel gewesen. So fehlte es beispielsweise an erfahrenen Seeleuten und kaufmännischen Fachkenntnissen. Das nötige Kapital und die Beherrschung der Seewege und Überseehandelsgebiete waren durch Holland, die Generalstaaten, England und Frankreich schon größtenteils monopolisiert. Schließlich gab es immer grundsätzliche Uneinigkeit unter den Fürstenhäusern Brandenburg-Preußens darüber, ob Preußen Seemacht werden sollte oder nicht.[6]

Bei den Versuchen in Emden ein preußisches Handelszentrum zu etablieren, war immer das grundsätzliche Problem, dass die Brandenburg-Preußischen Fürsten und Handelsleute eher in Stettin zu Hause waren, als in Emden. Die Ostsee aber, war leider viel zu sehr von Schweden, Polen und Dänemark dominiert.

Es gab schon lange Export von Leinwand nach England und von Holz nach Frankreich, sowie Import von Wein aus Frankreich. Diese liefen hauptsächlich von der Ostsee aus und waren dann mit dänischem Zoll belegt. Grundsätzlich wusste man, dass wenn man den Handel aus Emden organisieren könnte, diese Zölle wegfallen würden und in der Folge ein höherer Gewinn für Preußen abfallen würde.

---

[5] Schwenk, Herbert: *Brandenburg-Preußens Seemachtgeluste.* in Berlinische Monatsschrift, Heft 1 1999, S. 15
[6] Steltzer, Hans Georg: *"Mit herrlichen Häfen versehen. Brandenburgischpreussische Seefahrt vor dreihundert Jahren.* Berlin 1981, S.24

Es gab Pläne nach England, Frankreich und Holland Waren wie Holz, Teer, Pech, Hanf, Eisen und Getreide zu verkaufen. Nach Spanien, Portugal, Italien und in die Türkei sollten Wollwaren, Leinwand, Segeltuch, Schiffsmaterialien und Getreide geliefert werden und dann, nach Aufbau der Kompanie sollten Handelslogen an freien Orten der Indischen Küste oder China errichtet werden. Vielen Befürwortern des Standorts Emden war klar, dass wenn Handel im großen Stil betrieben werden sollte, der Erfolg nur durch einen Verband von Kaufleuten in Form einer Handelsgesellschaft zu sichern sein würde.[7]

Emden hatte eine lange Geschichte als Hafenstadt, bevor es ab 1744 zu Preußen gehörte. Die Bemühungen Friedrichs II. waren für Emden wichtig zu diesem Zeitpunkt; so heißt es am 26. November 1756 in einem Brief des Magistrats von Emden an den König, dass Emden, welches sich vor 1751 in einer wirtschaftlichen Flaute befand „die wesentlichen Früchte derselben bis anhero würklich genossen in dem Maasse, dass das innere und äussere Wesen der Stadt in allen Theilen, gleichsam von neuem belebt worden."[8] Die Kompanie war aber, im langen Verlauf der Geschichte von Emden, für das Selbstverständnis derselben als Hafenstadt nicht ausschlaggebend.

Emden war schon seit Jahrhunderten eine wichtige Hafenstadt Nordeuropas. So war z.B. die Zeit von 1566 bis 1621 für Emden ein „goldenes Zeitalter".[9] Es gab schon wieder Pläne, Emden zu seiner vormaligen Blüte und Größe zu verhelfen und Emden unter preußischer Flagge zum Umschlagplatz für Waren aus Übersee zu etablieren. Diese sollten dann überführt werden an die Elbe, um die Versorgung von Schlesien, Pommern, Polen, Litauen, die Lausitz, Sachsen, Böhmen, Mähren, Ungarn und Österreich zu garantieren. Außerdem sollten von Emden aus Handelswaren über die Weser und den Rhein nach Oberdeutschland, Westphalen, Braunschweig und Hessen transportiert werden.[10]

---

[7] Ring, S.63
[8] Ring, S. 129
[9] Deeters, Walter: *Kleine Geschichte Ostfrieslands,* Leer 1985, S. 43, S. 50
[10] Ring, S.62

An den Universitäten wurde die Rechtsauffassung gelehrt, die das Naturrecht der Deutschen behaupteten, in Indien und Asien genauso wie die anderen Länder Europas dort zu handeln. Man wollte auf der Tradition des Grossen Kurfürsten aus dem vorigen Jahrhundert und der Hanse aufbauen.[11]

Emden besaß, in den Augen seiner Befürworter, eine ideale Lage an zwei Meeren: Nordsee und Atlantik, sowie die Nähe zu vielen großen Flüssen wie Weser und Elbe. Die Nachbarstaaten würden ihre Waren auch über Emden exportieren. Zu dem Ganzen nötig aber sei, dass der König seine Unterstützung in Form von Oktroien gebe, sonst würden die Kaufleute keinen Vorteil daran finden, in Emden zu handeln. Außerdem würden die Schiffe unbehelligt die Anlaufhäfen ansteuern können.[12]

Emden war für viele der Befürworter einer Handelskompanie, hauptsächlich sehr geeignet für den Import von Tee und Porzellan aus China, weil Tee in Ostfriesland zum „Volksgetränk" geworden war. Aber auch in ganz Europa war Tee zum wichtigen Getränk geworden. In den ärmeren Schichten, besonders in Ostfriesland, hatte Tee aus gesundheitlichen Gründen das Bier als Hauptgetränk ersetzt,[13].

Unmittelbar vor Errichtung der eigentlichen „Königlich Preußischen Asiatischen Compagnie in Emden nach Canton und China" gab es einen Versuch, durch einen gewissen Ritter de la Touche[14], eine Handelskompanie zu errichten. De la Touche, konnte aber keines der bedeutenden Berliner Kaufmannshäuser für das Projekt gewinnen. Obwohl Emden seit 1600 lange bestehende, immer intensivere Handelsbeziehungen mit Holland unterhielt und deshalb gute Voraussetzungen für die Gründung eine Handelskompanie bot, stieß de la Touche überall auf Ablehnung, weil der König anfangs den Schiffen der geplanten Kompanie seinen Schutz anderen Ländern gegenüber nicht garantieren wollte. Man befürchtete, dass die Schiffe dadurch nicht genug

[11] Ring S. 66
[12] Ring, S. 62
[13] Haddinga Johann: *Das Buch vom ostfriesischen Tee*. 1. Aufl. Leer 1977, S. 29
[14] Ring, S.254

9

Sicherheit hätten und dann von anderen Ländern festgesetzt werden könnten, wodurch Waren und Kapital verloren gehen würden.

Unter den Kaufleuten von Berlin kam für De La Touches Projekt wenig Begeisterung und Interesse auf.[15]

Die Angelegenheit scheiterte nicht zuletzt wegen mangelndem Glaube an de la Touche selbst und seine Fähigkeit als Seehandelskaufmann. Daher forderte der König sein schon unterschriebenes Oktroi für de la Touche zurück und das Unternehmen wurde zu den Akten gelegt.

3.2 Geschichte der Kompanie

Dagegen fanden die Pläne einer „Königlich Preußischen Asiatischen Compagnie in Emden nach Canton und China" unter der Leitung eines gewissen Heinrich Thomas Stuart, eines Kaufmanns aus Amsterdam, die Unterstützung von mehreren bedeutenden Handelskaufhäusern. Die Kompanie gewann auch das Interesse von der Handelsgesellschaft Splittgerber und Daum in Berlin, welches eines der einflussreichsten und wichtigsten Handelshäuser in Brandenburg-Preußen war. Damit waren endlich ein großer Anteil des preußischen Kapitals und eine sehr gute Verbindung zum Königshof, nötig für die Unterstützung des Königs, für die Gründung der Kompanie zusammen gekommen.

Am 24. Mai 1751 versammelten sich Heinrich Thomas Stuart und seine Partner zur konstituierenden Sitzung der „Königlich Preußischen Asiatischen Compagnie in Emden nach Canton und China" in Emden. Die Partner überreichten dem König Friedrich II., der in Emden am 13. Juni zur Begutachtung der Kompaniepläne eingetroffen war, die nötigen Papiere zur Unterzeichnung. Der König schickte am 15. Juni 1751 eine „einstweilige Allergnädigste Resolution auf die Desideria" der Kompanie nach Berlin an das Auswärtige Departement und das Generaldirektorium für die Ausarbeitung einer „Deklaration für die Asiatische Handlungscompagnie des Heinrich

---

[15] Ring, S. 66

10

Thomas Stuart", die auf den 8. Juli 1751 datiert ist. Daraus wurde der eigentliche Oktroi und außerdem bekam die Kompanie den so wichtigen verbrieften Schutz des Königs, allerdings ohne dass tatsächlich überall Handelsverträge mit Holland, England und Frankreich zustande kamen.[16]

Zunächst einmal wurden zwei Schiffe fertig gestellt, die „König von Preußen" und die „Burg von Emden". Sie wurden für eine Handelsfahrt nach Canton in China ausgerüstet. Es sollten *„Thee, Porzellan, Rhabarber, Seidenstoff, Chinawurzel, Galgant Perlmutter, Tutenage, Lacksachen und Raritäten"* gekauft und eingeführt werden.[17] Zwei weitere Schiffe, die „Prinz von Preußen" (1753) und die eingangs erwähnte „Prinz Ferdinand" (1755) kamen dazu. Die Geschäfte der Kompanie liefen über die nächsten 6 Jahre trotz Streits unter den Beteiligten und finanzieller Engpässe gut und mit beachtenswertem Erfolg.[18] Am Ende wurden die Geschäfte der Kompanie im Juni 1757 durch den Einmarsch des Französischen Generals Marquis d'Auvet in Ostfriesland unterbrochen. Die Aktivitäten der Kompanie in Emden ruhten. Die „Burg von Emden" und die „Prinz von Preußen" blieben verwaist und abgetakelt in Emden. Der Holländer Teegel floh auf der „König von Preußen" nach Delfzyl und blieb dort auf der Ausrüstung und Takelage der zwei Schiffe in Emden und mehreren Kisten Königs- und Kompaniegelder sitzen.[19] Die „Prinz Ferdinand" wurde umgesteuert nach England und, nach Streitigkeiten zwischen Teegel und dem Bank- und Handelshaus Splittgerber & Daum aus Berlin, samt Ladung an die East India Company verkauft.[20]

---

[16] Ring, S. 262
[17] Ring, S. 89
[18] Ring, S. 144
[19] Bericht aus der *Hansa, Zeitschrift für Seewesen*, S. 60
[20] Kanzenbach , Annette / Suebsman, Daniel (Hrsg.): *Made in China. Porzellan und Teekultur im Nordwesten im 18. Jahrhundert ; ein Kapitel Handelsgeschichte ; [anlässlich der Ausstellung Made in China. Porzellan und Teekultur im Nordwesten, 22. März - 23. August 2015, Ostfriesisches Landesmuseum Emden]*, (Veröffentlichungen des Ostfriesischen Landesmuseums Emden, 39). Oldenburg 2015, S. 44

3.3 Die einzelnen Akteure

Die hauptbeteiligten Interessenten der Kompanie kamen zum größten Teil aus Antwerpen (Bankhaus Ertborn, 705 Anteile), Berlin (Splittgerber & Daum und F.W. Schütze, 369 Anteile), Rotterdam (J. Forbes/T.Dillon, 125 Anteile), und Frankfurt (J.F. Schmid, 120 Anteile). Insgesamt gab es zum Start der Kompanie 1722 Aktien zu je 500 Reichtalern (861.000 RT).

Die treibende Kraft war Heinrich Thomas Stuart, ein Kaufmann aus Amsterdam, der sich schon einige Zeit in Emden aufgehalten hatte. Über seine Herkunft ist wenig dokumentiert. Interessant ist aber, dass er von einem Konkurrenten aus der Stadt abfällig als „Hutkaufmann"[21] bezeichnet wird. Auf die Idee, eine Kompanie nach China zu gründen, sei er wohl während einer Reise nach China gekommen, wo er die Möglichkeiten eines entsprechenden Handels mit eigenen Augen sah. Er war zwar der „oktroyierte" Kaufmann bei der Gründung der Kompanie, hatte aber dadurch, dass jeder Direktor 20 Anteile besitzen musste und er selbst 1752 nur 4 Anteile erworben hatte, es nicht geschafft, zum Direktor gewählt zu werden. Stuart wird während der ersten Reise der Kompanie nach der Gründung in der Funktion als Supercargo erwähnt. Interessant ist aber sein Erbe für die Region Ostfriesland dadurch geworden, dass er später erfolgreich ein Fehnbauunternehmen gegründet hat, das zur Gründung der Gemeinde des heutigen Rhauderfehn in Ostfriesland geführt hat[22]

Der erste Direktor und interessantester Person der Gesellschaft, war Johann Gottfried Teegel, Kommerzienrat. Er war ein Kaufmann aus Amsterdam.
Als er aber laut seinem Tagebuch[23] durch den königlich preußischen Gesandten bei den Generalstaaten in Den Haag, Christoph Heinrich Ammon, angeworben wurde nach Emden umzusiedeln, um bei der Gründung einer Ostasienkompanie mitzuwirken, zog der Kaufmann mit seiner Familie nach Emden. Teegel hatte jahrelang in Batavia, dem heutigen Jakarta, der

---

[21] Ostfriesische Landschaft: „Hinrich (Hendrik) Thomas STUART", letzte Aktualisierung: 27.3.2017, URL: <http://www.ostfriesischelandschaft.de/fileadmin/user_upload/BIBLIOTHEK/BLO/Stuart.pdf>.
[22] Ebenda.
[23] Bericht aus der *Hansa, Zeitschrift für Seewesen*, S. 58

Hauptstadt Indonesiens gelebt, Handel getrieben und als Beamter gedient, welches von 1619 bis 1799 das Hauptquartier der Niederländischen Ostindien-Kompanie in Asien war. Er war also ein erfahrener Kaufmann, der sich im Orient gut auskannte. Teegel konnte beim ersten Zusammentreffen mit Friedrich II. den König beeindrucken, durch seine Kenntnisse über Bengal und Malabar,. Er legte überzeugend dar, dass die Idee, ein Schiff dorthin zu versenden um Pfeffer zu kaufen vergebens wäre, weil dort die Holländer, Franzosen und England den Handel schon kontrollierten.[24] Somit wurde der Plan vom Mitinteressenten Kreynck de Lanckwaater in der konstituierenden Sitzung abgewiesen.[25]

Der Direktor der Kompanie, Dr. Jakob de Pottere, dessen Familie am Ende des 16. Jahrhunderts aus Flandern nach Emden gekommen war, war Bürgermeister von Emden gewesen,[26] also kein Kaufmann, sondern Beamter im Dienst der Stadt Emden und hatte stets die Interessen der Stadt im Sinne, bei allen Entscheidungen bezüglich der Kompanie. Er ist während der Französischen Okkupation Ostfrieslands immer in Emden geblieben und war später dafür, die Kompanie unter Oktroi der Kaiserin Maria Theresia weiter zu führen. Die Kaiserin hatte nämlich der Kompanie ihren Schutz angeboten, falls die zwei Schiffe „Prinz Ferdinand" welches in England im Hafen Plymouth lag und die „König von Preußen", die mit Teegel in Delfzyl lag, zurück nach Emden gebracht würden.[27] Die anderem Direktoren, Teegel in Delfzyl, Schmid in Frankfurt und Splittgerber & Daum und F.W. Schütze in Berlin waren nicht gewillt und erlaubten es nicht, Geschäfte unter feindlicher Flagge zu betreiben. Es war schließlich eine preußische Kompanie.

---

[24] Ebenda S. 58
[25] Ring, S. 79
[26] „Im Rat der Stadt Emden nehmen die de Pottere's 4 Generationen lang die angesehensten Stellungen ein: Ratsherr, Vierziger, Vierzigerpräsidenten, Bürgermeister, und das alte flandrische Kaufmannsblut belebt Handel und Wandel der Stadt Emden in einem erstaunlichen Ausmaß." Ein Jaques de Pottere, 1699 in Emden geboren, empfing im Jahre 1755 als Bürgermeister Emdens dort Friedrich II., König von Preußen..." Siehe: Diekhoff, J.: *Text eines Vortrages den J. Diekhoff, von 1956 bis 1966 Leiter der Heimvolkshochschule, aus Anlass des 40jährigen Bestehens des Trägervereins der Bildungsstätte, die sich heute „Europahaus" nennt, am 17.07.94 gehalten hat.*, letzte Aktualisierung: 20.3.2017, URL: <http://www.europahaus-aurich.de/de_pottere_haus.html>.
[27] Ring, S. 133

Zwei weitere Kompaniedirektoren waren Theobald Dillon aus Rotterdam Kommerzienrat und John Forbes d'Alford. Sie kamen unmittelbar aus Rotterdam, waren aber englische Kaufmänner. Es ist sonst wenig bekannt über die Geschäfte dieser 2 Personen. Sie sind beide unter dubiosen Umständen oder wegen Betrugsverdacht frühzeitig aus der Kompanie ausgeschieden. „Dillon habe bei Ankauf des Schiffes mit Kapitän Thompson einen heimlichen Nebenhandel vereinbart" und Forbes „habe Geld aus der Compagniekasse genommen."[28] Dillon verkaufte seine Anteile und schied, nach der ersten Generalversammlung im Juni 1752 aus der Kompanie aus.[29] Forbes ging im Juli 1755 bankrott, verkaufte 20 seiner Anteile an die Firma Levingston und Symson in Rotterdam und verschwand von der Bildfläche der Geschichte.[30]

Der patriotischste Direktor der Kompanie war Johann Friedrich Schmid, preußischer Hofrat aus Frankfurt. Johann Friedrich Schmid war ein Bankier in Frankfurt, der wegen seiner Verdienste vom preußischen König zum Hofrat ernannt wurde. Schmid hatte im Juni 1753 Voltaire mehrere Wochen als unfreiwilligen "Zwangsgast" im Hause beherbergt, weil der König Friedrich II. von Voltaire alle Insignien, Briefe, Schriftstücke und einen Gedichtband „L'Œuvre de Poésie" zurück haben wollte.[31] Als der Siebenjährige Krieg im August 1756 ausbrach, wollten vor allem Anteilseigner aus Brabant aber auch das Bank- und Handelshaus Splittgerber & Daum aus Berlin ihre Anteile verkaufen. Schmid war bereit die gesamten Anteile dieser Parteien zu kaufen. Damit sollte verhindert werden, dass die Kompanie aufgelöst würde und das Unternehmen dem preußischen König verloren ginge. Außerdem wollte man vermeiden, dass die Gelder aus Preußen abflossen und wohlmöglich nach Wien oder Paris gingen.[32]

Für die Vertretung Brandenburg-Preußens vor Ort in staatlichen Angelegenheiten war Daniel Lentz zuständig. Daniel Lentz wurde 1749 von Friedrich II. zum Kammerpräsidenten Ostfrieslands ernannt. Er diente dort als

---

[28] Ring, S.101
[29] Ring, S. 112
[30] Ring, S. 127
[31] Hock, Sabine: *Voltaire verhaftet man nicht*", letzte Aktualisierung: 20.3.2017, URL: <http://www.engelbach-wwr.de/4_Gottlieb_Engelbach_Voltaire.html>.
[32] Ring, S.130

Friedrichs „Augen und Ohren". Lentz schrieb jeden Monat Berichte für das Kabinett und den König, über die Ereignisse in Ostfriesland und besonders über alles was die Kompanie betraf. Er schlichtete mehr als einmal erfolgreich Dispute zwischen den Direktoren der Kompanie. Ohne seine starke Führungsfähigkeit, wäre die Kompanie schon vor dem Auslaufen des ersten Schiffes gescheitert, da die Direktoren der Kompanie oft zerstritten waren.[33] Der Amsterdamer Teegel warf bspw. dem englischen Kaufmann und Direktor der Kompanie Forbes Veruntreuung des Kompaniegeldes vor. Vom englischen Kaufmann Dillon, einem weiteren Direktor der Kompanie behauptete er, dieser wolle einen verbotenen Nebenhandel mit Hilfe des Kapitäns Thomson betreiben. Teegel entließ daraufhin besagten Kapitän mit seiner Mannschaft. Das wiederum verursachte einen Aufstand unter den Matrosen. Dillon seinerseits warf Teegel Unerfahrenheit vor und beklagte, dass er die fähigsten Matrosen mit dem besten Kapitän vom Schiff entfernt hätte.[34] In diesen Angelegenheiten konnten sich König Friedrich II. und seine Räte Karl Wilhelm von Finckenstein und Heinrich Graf von Podewils voll auf die fähige Führung Daniel Lentz' vor Ort verlassen. Allerdings zog Lentz, als die Franzosen im Juni 1757 die Ems überquerten aus Ostfriesland ab. Damit war die Kompanie, mit ihren sehr oft zerstrittenen Direktoren, ohne die schlichtende Führung von Lentz und seinen vernünftigen Einfluss wie ein Schiff ohne Kapitän und Steuermann. Ab diesem Zeitpunkt gab es keine Entsendung eines Handelsschiffes der Kompanie mehr. Es wurde nur noch unter den Direktoren selbst, d.h. zwischen de Pottere in Emden, Teegel in Delfzyl und Splittgerber & Daum in Berlin um die Führung der Kompanie und den Verbleib der Schiffe und des Kapitals der Kompanie gekämpft.

Das Bank- und Handelshaus Splittgerber & Daum aus Berlin war entscheidend, für die Gründung der Kompanie gewesen, weil es den nötigen wirtschaftlichen Einfluss und Interessenten für das Projekt gewonnen hatte und die notwendige Verbindung zum Königshof unterhielt. Splittgerber & Daum unterstützten Friedrich II. in seiner merkantilistischen Wirtschaftspolitik. Sie übernahmen

---

[33] Ring, Vgl S.50 und S.100, *„Das grösste Unglück ist," schreibt Lentz, „dass zwischen den Directuers selbst die Verbitterung aufs Aeusserste gekommen. Eigen-Nutz und Caprice findet sich überal und droht der Compagnie den Ruin ihres Credits."*
[34] Ring, S. 101

Betriebe, die weniger ertragreich waren und wandelten sie in erfolgreiche Betriebe um. Ihr Erfolg ist eng verknüpft mit dem Preußens Aufstieg zur Großmacht.[35] Friedrich II. und seine vertrautesten Räte, Kabinettsminister Karl Wilhelm von Finckenstein[36] und Heinrich Graf von Podewils,[37] holten fast in allen Entscheidungen immer den Rat von Splittgerber & Daum über die Kompanie ein. Teegel, der nach Delfzyl geflüchtet war und anfangs noch die Gunst und das Vertrauen Friedrichs II. besaß, konnte noch bewirken, dass das letzte Schiff „Prinz Ferdinand" nicht in die Hände der Franzosen fiel, indem er das Schiff bei seiner Rückreise nach England umdirigierte.[38] Als Teegel aber immer mehr unter den Druck des französischen Generals Marquis d'Auvet geriet und sich in ständiger Gefahr sah, gefangen genommen oder für Kopfgeld an die Franzosen in das nicht weit entfernte Emden ausgeliefert zu werden, wurden seine Anweisungen bezüglich der Kompanie immer eingegrenzter und entsprachen immer weniger dem Sinne Berlins bzw. des Königs, sodass die Berliner Anteilseigner ihn bei Friedrich II. in Misskredit brachten.[39] So wurde ihm wurde die Kontrolle über die „Prinz Ferdinand" entzogen. Danach hatte er mit der Weiterführung der Kompanie und ihrer Abwicklung in den kommenden Jahren wenig oder gar nichts mehr zu tun. Splittgerber & Daum übernahmen die Führung der Kompanie mit Unterstützung des Königs.[40] Als das Kapital der Kompanie 1765 aufgelöst wurde, haben Splittgerber & Daum aus Berlin die Auszahlung des Kapitals einschließlich des Gewinns an die Anteilseigner verwaltet.[41]

---

[35] Wikipedia: *Bank- und Handelshaus Splitgerber & Daum,* letzte Aktualisierung: 20.3.2017, URL: <https://de.wikipedia.org/wiki//Bank-_und_Handelshaus_Splitgerber_%26_Daum>.
[36] , Wikipedia: *Karl Wilhelm von Finckenstein,* letzte Aktualisierung: 20.3.2017, URL: <https://de.wikipedia.org/wiki/Karl_Wilhelm_von_Finckenstein>, „Finckenstein wurde 1749 zum Kabinettsminister ernannt, gehörte Finckenstein fortan zu den vertrautesten Räten des Königs, mit dem derselbe fortwährend, namentlich während des Siebenjährigen Krieges, über alle Angelegenheiten korrespondierte, und den er in den schwierigsten Fällen um Rat fragte."
[37] Wikipedia: *Heinrich Graf von Podewils,* letzte Aktualisierung: 20.3.2017, URL: <https://de.wikipedia.org/wiki/Heinrich_Graf_von_Podewils>, Heinrich Graf von Podewils war für die gesamte Außenpolitik Preußens zuständig.
[38] Bericht aus der *Hansa, Zeitschrift für Seewesen,* S. 60
[39] Ring, S. 139
[40] Ring, S. 140
[41] Ring. S. 143

16

3.4 Reaktionen Englands und der Niederlande

England und Holland legten der Kompanie wo sie nur konnten „aus Eifersucht" Steine in den Weg.[42] Die Aktivitäten der Kompanie in Emden zwangen die niederländische Ostasien-Kompanie sofort zu Gegenmaßnahmen. Man befürchtete, dass neue die Konkurrenz auf dem Tee- und Porzellanmarkt den eigenen Anteil am Markt im Nordosten Europas beschneiden würde und ihre Gewinne einbrechen könnten. Deshalb verdoppelte die niederländische Kompanie die Anzahl ihrer Schiffe und importierte fast zweimal soviel Tee. Der Tee wurde nicht billiger im Einkauf, aber in Amsterdam und Middelburg fielen die Preise, sodass für die Holländer tatsächlich Konsequenzen aus dem Emdener Handel folgten. Sie mussten eine deutliche Umstrukturierung vornehmen und die Anzahl der Schiffe nach Canton wieder reduzieren.[43] Das englische Schiff „Surprise" hatte das Schiff der Emdener Kompanie „König von Preußen" auf seiner ersten Reise nach Canton angehalten, es durchsucht und 6 englische Matrosen vom Schiff entfernt, weil England für sich das Recht in Anspruch nahm, englische Landsmänner auf jedem Schiff der Welt befreien zu dürfen, oder sie in Gewahrsam zu nehmen.[44]

3.5 Die Wirtschaftspraktiken und Produkte des Unternehmens

Die Kompanie besaß letztendlich 4 Schiffe: Die „König von Preußen", die „Burg von Emden", die „Prinz von Preußen" und zuletzt kam aus Amsterdam die „Prinz Ferdinand" dazu, welche nach dem Herzog von Braunschweig getauft wurde. Die „König von Preußen" hatten die Maße von 45 m Länge und 11,5 m Breite und hatte eine Besatzung von 120 Mann und 12 Grenadieren. Auf dem Schiff waren für seine Verteidigung 30 Kanonen montiert. Die anderen Schiffe waren in Maßen und Ausrüstung vergleichbar.

Kapital und Wissen für die Unternehmung kam zum größten Teil vom Bankhaus Ertborn aus Antwerpen. Das Bankhaus zeichnete 705 Anteile. Das war knapp 41% des Gesamtkapitals. Am zweiten Platz besaß F.W. Schütze,

---

[42] Ring, S. 126
[43] Kanzenbach, Annette / Suebsman Daniel (Hrsg.): *Made in China*, S. 18
[44] Ring, S.106

aus Berlin, 260 Anteile und am dritten Platz kam Splittgerber & Daum, auch aus Berlin, die 109 Anteilen erworben hatten.[45] Eine typische Ladung eines Kompanie-Schiffes bestand zu circa 70% aus Tee, 5% aus Porzellan und der Rest aus anderen Gütern. Tee war das gewinnträchtigste Gut. Beinahe 80% des Gewinns einer solchen Schiffsfracht kamen aus dem Erlös des Teeverkaufs.[46] Eine Schiffsladung konnte aus 2 Gründen nicht zu 100% aus Tee bestehen: Zum einen brauchte man Porzellan als werthaltigen Ballast, diese Ware war besser als ein wertlose Platzhalter; zum Zweiten verhinderten die im Rumpf lagernden Porzellankisten, dass die darauf gestapelten Teekisten vom in den Rumpf eindringenden Seewasser erreicht und beschädigt würden.[47] Tee wurde schon seit 1610 von der Niederländern nach Europa gebracht. Wann Tee zum ersten Mal nach Emden gelangt ist, ist nicht bekannt. Aber zum Zeitpunkt der Gründung der Emdener Kompanie hatten Niederländer fast schon seit 100 Jahren den Tee nach Ostfriesland importiert.[48]

Insgesamt wurde von der Kompanie 6 Mal eine Reise nach Canton unternommen. Die **„König von Preußen"** verließ Ende Februar 1752 ihren Heimathafen und kehrte am 6. Juli 1753 zurück.[49] Ihre zweite Fahrt unternahm sie im April 1754 nach Canton und kehrte im Juni 1756 wieder zurück. Die **„Burg von Emden"** begann am 4. Oktober 1752 ihre erste Reise nach Canton und kehrte am 28. Mai 1754 zurück. Die „Burg von Emden" verließ Emden Dezember 1754 für die 2. Canton-Fahrt und im Juni 1756 landete das Schiff wieder sicher in Emden. Die **„Prinz von Preußen"** begann am 31. Dezember 1753 die Reise nach Canton und am 10. Juli 1755 war sie wieder in Emden.

---

[45] Kanzenbach, Annette / Suebsman Daniel (Hrsg.): *Made in China*, S. 33
[46] Kanzenbach, Annette / Suebsman Daniel (Hrsg.): *Made in China*, S. 17
[47] Ebenda, S.21
[48] Ebenda, S. 55
[49] Die Liste der Waren, die mit der König von Preußen aus China mitgebracht worden sind und, die bei der Versteigerung in Emden dokumentiert sind, ist auch typische für Ladungen, die darauf folgende Schiffsladungen aus Caton: 551.676 Pfund Tee, 6.400 Phund Galgant, 7.700 Pfund Curcuma, 8.900 Pfund Permut, 3.040 Pfund Rohseide, 2.067 Pfund Rhabarber, 450 Pfund Sago, 325 Pfund Aluan, 245 Pfund Quecksilber, 245 Pfund Antimon, 235 Pfund Sternanis und 130 Pfund Kampfer. Folgende Porzellan Stücke aus China würden auch versteigert: 227 Tafelservice, 220 Teeservice, 1.014 Suppenteller, 2.910 flache Teller, 8.763 achteckige Teller, 17.000 Punschgefäße Kumpen, 49.750 Kaffeezeuge und 49.750 Teezeuge. Angegeben in: *Zwischen London und Byzanz. Die geschichtlichen Territorien Niedersachsens in ihren Beziehungen zum Ausland : eine Ausstellung* (Veröffentlichungen der Niedersächsischen Archivverwaltung : Beiheft, 23). Göttingen: Vandenhoeck & Ruprecht 1979, S.95 und S.96

Die „**Prinz Ferdinand**" reiste Anfang 1755 von Emden nach Canton, am 11. September 1757 landete sie in Plymouth, England.

Mitgebracht hatte die „König von Preußen" von ihrer ersten Reise vor allem Tee und Porzellan, aber auch andere Güter. Es war auch Auftragsporzellan dabei, verziert mit den Wappen der Kunden darunter waren der König von Preußen, die Fürsten von Anhalt-Zerbst und die Bürgermeisterfamilie von Emden, de Pottere.[50] Somit stimmte die Liste der erworbenen Waren fast genau überein, mit einer vorher veröffentlichten Anzeige über die beabsichtigten Handelsobjekte.[51]

Schon die erste Fahrt ergab einen Gewinn von 5% jährlich für die „König von Preußen", in den ersten 2 Jahren des Bestehens der Kompanie. Friedrich II. war zufrieden.[52] Der Preis eines Anteils stieg von 500 auf 600 Taler.[53] Zwischen 1753 und 1756 importierte die Kompanie circa 1,3 Millionen Porzellanteile aus China.[54]

4. Das Scheitern der Kompanie

4.1 Geopolitische und strukturelle Faktoren für den Untergang der Kompanie

Der Siebenjährige Krieg besiegelte den Untergang der Kompanie.[55] Der Krieg mit Frankreich entriss Emden der Kontrolle des Preußischen Königs. Damit war das noch junge und unetablierte Unternehmen seines Rests an schon zu knappem Kapital und dem staatlichen Schutz im Emden und auf den Weltmeeren beraubt.

Aber dieser Krieg war nur symptomatisch für die Tradition Preußens und für Friedrichs II. gesamte Außenpolitik. Die Unterschätzung der Diplomatie als politische Strategie und die Überbetonung der strategischen Wichtigkeit der

---

[50] Ebenda S. 96
[51] Ring, S. 89
[52] Ring, S. 124
[53] Ring, S. 125
[54] Kanzenbach, Annette / Suebsman Daniel (Hrsg.): *Made in China*, S. 34
[55] Haddinga: Das Buch vom Ostfriesischen Tee, S. 32

Landstreitkräfte gegenüber einer Handelsflotte und Marine bestimmten die kurze Lebensdauer dieser Kompanie, mehr als alles andere. Friedrich II., der Preußische Adel und die Handelshäuser legten dazu zu wenig Wert auf Seefahrt. Ihre Beschäftigung mit der Idee des Aufbaus einer Marine und Handelsflotte blieb inkonsequent und gelegentlich.

Dem preußischen Seehandel und damit der Emdener Kompanie fehlte es an begünstigenden Umständen. Emden als Seehafen lag sehr weit entfernt vom Sitz des preußischen Königs Friedrich des Grossen und lag im Land der freien Friesen, außerhalb seiner eigentlichen Machtsphäre Brandenburg-Preußen. Preußen hatte kein größeres Truppenkontingent nach Ostfriesland entsandt. So war Emden schutzlos und der Einfall der Franzosen in Ostfriesland konnte nicht verhindert werden. Damit verlor Preußen Emden, welches so wichtig als Seehafen geworden war. Preußen konnte sich gegen England und Holland auch keineswegs militärisch auf dem Seeweg durchsetzen. Die früheren Versuche Preußens mit der Seefahrt, brachten keineswegs dauerhafte Erfolge im Seehandel.

In Preußen war die Wirtschaft noch sehr feudal strukturiert. Die Wirtschaft Brandenburg-Preußens war hauptsachlich agrarisch geprägt und nicht auf Seehandel ausgerichtet. Außerdem hatten Schweden und Dänemark die Ostsee bis dahin lange dominiert und die Auseinandersetzungen mit Österreich wegen Schlesien hatten bedingt, dass englische Kaperschiffe den Großteil aller preußischen Handelsschiffe zerstört hatten. Dadurch war Preußen auf der Ostsee immer klein gehalten worden.[56] Während der Herrschaft des König Karl Gustav X. betrachtete Schweden die Ostsee als schwedische See.[57] Für das Unternehmen preußischen Seehandels in Emden gab es schlicht und einfach zu wenig Ressourcen, man kam „zu spät auf den Spielplatz Seehandel" und es gab schon zu viele Mitbewerber.

---

[56] Kliem: *Die Stadt Emden und die Marine*, S. 43
[57] Schwenk: *Brandenburg-Preußens Seemachtgeluste*. in Berlinische Monatsschrift, Heft 1 1999, S. 11

4.2 Strategische Fehlentscheidungen Friedrichs

Friedrich II. hätte gerne Brandenburg-Preußen als Seemacht etabliert.
Er hat in einer Schrift „de la littérature allemande" seine Hintergedanken zur
Seemacht Preußen verraten, als er sich lobend über folgendes Gedicht äußerte:

„Auf! folgt mir aufs stürmende Meer, ihr Musen! Und könnt ihr nicht folgen:
So hebt mich von niedriger Flur ein Segel statt Pegasus Flügel.
Neptunus und salzigte Flut soll mir statt Apollo und Pindus
Und Castalis seyn.
Heut stürme die Lyra ein Lied in Tonmass erborgt von Syrenen,
Nachahmend der Ruder Geräusch, das Rauschen der wallenden Wogen;
Heut, da sich der Preussische Staat, o Tag der noch immer besungen!
Mit Thetis vermählt".[58]

Aber mit der Ausrichtung Preußens als Seemacht, konnte oder wollte der
König nicht einsehen, dass er, wenn man eine langfristige Etablierung
Preußens als Seemacht erreichen wollte, es bei einer halben Sache nicht
bewenden lassen konnte. Es fehlte an Handelsverträgen mit Holland,
Frankreich und England.[59]

Er lehnte Vorschläge, Kriegsschiffe auszurüsten um die Kompanie zu schützen
ab, die in Zusammenhang mit der Gründung der Kompanie an ihn gerichtet
wurden.[60] Den Vorschlag, London und Holland über die Gründung der
Kompanie in einen Memoire formell zu unterrichten lehnte er auch ab, weil es
ihm unter seiner Stellung und Würde zu sein schien.[61] Über Vertreter des
Hofes in London und in Den Haag ließ er dann allerdings doch über die
Gründung der Kompanie unterrichten.[62]

---

[58] Ring, S. 67
[59] Ring, S. 75
[60] Ring, S. 96
[61] Ring, S. 94
[62] Ring, S. 98

„Man wird mir einwenden, dass ich immer nur von der Landmacht spreche, von der Seemacht aber schweige. Bis jetzt sind die Hilfsquellen des Staates kaum ausreichend, die Armee zu bezahlen...“[63]

Der Kompanie fehlte eine tief in die Kultur der Nation eingebettete Tradition der Seefahrt. Der König, und mit Ihm seine Berater, betrachteten Brandenburg-Preußen als Landmacht und deshalb unabhängig vom Meer für sein Überleben.

Eberhard Kleim zitiert Friedrich II., in seiner Darstellung der Stadt Emden und der Marine aus seinem Politischen Testament:

„Es gibt Staaten, die nach Lage und Anlage Seemächte sein müssen. Das sind England, Frankreich, Holland, Spanien, Dänemark. Sie grenzen ans Meer, und die entlegenen Kolonien, die sie besitzen, nötigen sie, Schiffe anzuschaffen, um die Verbindung und den Handel zwischen dem Mutterland und den Außenteilen aufrechtzuerhalten. Andere Staaten dagegen wie Österreich, Polen, Preußen und selbst Russland brauchen entweder keine Marine, oder sie würden sich eines unverzeihlichen politischen Fehlers schuldig machen, wenn sie ihre Streitkräfte zersplittern, um auch auf der See Truppen zu verwenden, die sie zu Lande durchaus nicht entbehren können.“[64]

Und da Friedrich II. das Land Brandenburg-Preußen ständig in Landkriege verwickelte, ist diese Einstellung scheinbar logisch. Seefahrt war für ihn eine Nebenbeschäftigung in Friedenszeiten. Und als der Siebenjährige Krieg angefangen hatte, verlor er Emden und seine Seefahrtspläne schlicht aus den Augen. Nach Meinung Viktor Rings, interessierte er sich einfach nicht mehr dafür: *„In den weltbewegenden Ereignissen mag der König selbst des Lieblingsplans vergessen.“[65]*

---

[63] Friedrich der Große, zitiert nach Kliem, Eberhard: *Die Stadt Emden und die Marine*, S. 42
[64] Ebenda, S. 45
[65] Ring, S. 130

Es scheint mir als ob Friedrich II. derart fixiert war, Eroberungskriege um die Vorherrschaft Preußens auf Kontinentaleuropa zu betreiben, dass, obwohl ihm wohl Interesse an Seehandel für Preußen nachgewiesen werden kann, er dem Bereich Seehandel doch letztendlich zu wenig Aufmerksamkeit geschenkt hat. Die Weltvorherrschaft auf dem Meer im 18. Jahrhundert lag für Preußen nicht im Bereich der Vorstellbarkeit. Doch nicht nur, dass Friedrich II. zu wenig Geld zur Verfügung zu haben glaubte, um in seine Seemacht zu investieren und deshalb zu wenig Ressourcen für diesen Bereich frei machte. Sondern er weigerte sich auch, die politische Energie in seine Meerespolitik zu investieren.

5. Zusammenfassung

Letztendlich waren die treibenden Kräfte bei der Entstehung der „Königlich Preußischen Asiatischen Compagnie in Emden nach Canton und China" Handelsmenschen aus Holland und die Emdener selbst. Es passte in die merkantilistische Wirtschaftspolitik Friedrichs II., eine eigene Handelskompanie nach China zu errichten, damit der Gewinn an Tee und Porzellan dem Lande Brandenburg-Preußen nicht verloren ginge. So wurde die Kompanie zunächst unter sehr günstigen Voraussetzungen gegründet. Die Nachfrage nach den gewinnträchtigen Produkten Tee und Porzellan war noch nie so hoch gewesen, wie zur Mitte des 18. Jahrhunderts. Trotz der Konkurrenz der Engländer und Holländer erzielte die Emdener Kompanie gute Preise und reißenden Absatz.

Emden war ein sehr günstig gelegener Hafen. Wenn Brandenburg-Preußen eine große Seemacht gewesen wäre, hätte der Handel zur Zeit des Siebenjährigen Kriegs nicht so jäh geendet. Die Kompanie wäre stattdessen in den Händen Brandenburg-Preußens geblieben und hätte den Krieg unbeschadet überstanden, hätte den Betrieb fortgesetzt oder nach dem Krieg wieder aufgenommen.

Brandenburg-Preußen hatte keine starke Tradition als Seemacht oder Seehandelsnation und folglich baute Friedrich II. seine Politik nicht entsprechend auf. Als Friedrich II. 1786 starb, blieben seine Pläne, unter preußischer Flagge einen dauerhaften Ostasienhandel zu errichten trotz seiner Vision eines blühenden preußischen Seehandels, unvollendet. Er sah sich zu Lebzeiten nicht in der Lage, die nötigen Ressourcen für sein Projekt frei zu machen. Somit war wieder eine Episode des Preußischen Seehandels relativ erfolglos zu Ende gegangen. Wie so oft in der Geschichte Brandenburg-Preußens, ließ von einem Herrscher zum nächsten das Interesse des Nachfolgers, in diesem Fall das Interesse Friedrich Wilhelms II., an Seehandel und damit am Standort Emden, nach. Daher blieben die Episoden der Seefahrt immer gerade nicht mehr als eben Episoden. Ebenso verhielt es sich mit Friedrich II und seiner Emdener Kompanie. Mit nur zwei Schiffen bei

Gründung der Kompanie war der Kapitaleinsatz gering, im Vergleich mit den großen Handelskompanien Englands und der Niederlande. In relativ kurzer Zeit vergrößerte sich die Kompanie auf vier Schiffe. Durch ihr jähes Ende blieb das Abenteuer der Kompanie jedoch fast nur eine Fußnote in der Geschichte Brandenburg-Preußens. Möglicherweise wäre die Kompanie rasant zur bedeutenden Konkurrenz der Nachbarstaaten geworden.

Als Emden an die Franzosen fiel, zersprang der Zusammenhalt der Kompanie wie dünnes Porzellan beim leichtesten Stoß. Die leitenden Direktoren waren danach auf drei unterschiedliche verfeindete Machtssphären verteilt und uneinig darüber, wie mit den Ressourcen der Kompanie verfahren werden sollte. In der Folge blieb die Kompanie ab Juli 1757 handlungsunfähig. Die wenigen verbliebenen Ressourcen der Kompanie lagen jahrelang brach und wurden schließlich 1765 aufgelöst.

Literaturliste:

Zwischen London und Byzanz. Die geschichtlichen Territorien Niedersachsens in ihren Beziehungen zum Ausland: *eine Ausstellung* (Veröffentlichungen der Niedersächsischen Archivverwaltung: Beiheft, 23). Göttingen: Vandenhoeck & Ruprecht 1979

Bericht aus der *Hansa. Zeitschrift für Seewesen: ‚Beiträge zur Geschichte der „Asiatisch-Chinesischen Handlungsgesellschaft" zu Emden 1750 – 1755, und der Beteiligung König Friedrich II. an derselben.*' 20. April 1884, No 8., 21. Jahrgang

Deeters ,Walter: *Kleine Geschichte Ostfrieslands*, Leer 1985

Haddinga, Johann: *Das Buch vom ostfriesischen Tee.* 1. Aufl. Leer 1977

Kanzenbach, Annette/Suebsman, Daniel (Hrsg.): *Made in China. Porzellan und Teekultur im Nordwesten im 18. Jahrhundert; ein Kapitel Handelsgeschichte; [anlässlich der Ausstellung Made in China. Porzellan und Teekultur im Nordwesten, 22. März - 23. August 2015, Ostfriesisches Landesmuseum Emden].* (Veröffentlichungen des Ostfriesischen Landesmuseums Emden, 39). Oldenburg 2015

Kliem, Eberhard: *Die Stadt Emden und die Marine. 16. bis 21. Jahrhundert; vom Großen Kurfürsten bis zur Bundesmarine.* Hamburg 2008

Ring, Viktor: *Asiatische Handlungscompagnien Friedrichs des Grossen. Ein Beitrag zur Geschichte des preussischen Seehandels und Aktienwesens*, Berlin 1890

Steltzer, Hans Georg: *"Mit herrlichen Häfen versehen ". Brandenburgischpreussische Seefahrt vor dreihundert Jahren*, Berlin 1981

Schwenk, Herbert: *Brandenburg-Preußens Seemachtgeluste.* in Berlinische Monatsschrift, Heft 1 1999, S. 11

Weindl, Andrea: *Die Kurbrandenburger im "atlantischen System" (1650-1720) zum brandenburgischen Überseehandel des 17. und 18. Jh.*. In: Wentzlaff-Eggebert, Christian und Traine, Martin (Hrsg.): *Arbeitspapiere zur Lateinamerikaforschung*, Universität zu Köln, Philosophische Fakultät, Zentrum Lateinamerika, 2001,

Internet Ressourcen:

Diekhoff, J.: *Text eines Vortrages den J. Diekhoff, von 1956 bis 1966 Leiter der Heimvolkshochschule, aus Anlass des 40jährigen Bestehens des Trägervereins der Bildungsstätte, die sich heute „Europahaus" nennt, am 17.07.94 gehalten hat.*, letzte Aktualisierung: 20.3.2017, URL: <http://www.europahaus-aurich.de/de_pottere_haus.html>.

Hock, Sabine: *"Voltaire verhaftet man nicht"*, letzte Aktualisierung: 20.3.2017, URL: <http://www.engelbach-wwr.de/4_Gottlieb_Engelbach_Voltaire.html>.

Ostfriesische Landschaft: *„Hinrich (Hendrik) Thomas STUART"*, letzte Aktualisierung: 27.3.2017, URL: <http://www.ostfriesischelandschaft.de/fileadmin/user_upload/BIBLIOTHEK/BLO/Stuart.pdf>.

Wikipedia: *Bank- und Handelshaus Splittgerber & Daum,* letzte Aktualisierung: 20.3.2017, URL: <https://de.wikipedia.org/wiki//Bank-_und_Handelshaus_Splittgerber_%26_Daum>.

Wikipedia: *Heinrich Graf von Podewils,* letzte Aktualisierung: 20.3.2017, URL: <https://de.wikipedia.org/wiki/Heinrich_Graf_von_Podewils>

Wikipedia: *Karl Wilhelm von Finckenstein,* letzte Aktualisierung: 20.3.2017, URL: <https://de.wikipedia.org/wiki/Karl_Wilhelm_von_Finckenstein>.